DU sollst nicht töten!

AF273002

Dr. Peter Schmidt

DU sollst nicht töten!

Was will das 6. Gebot wirklich sagen?

Bibliografische Information der Deutschen Bibliothek:
Die Deutsche Bibliothek verzeichnet diese Publikation in der
Deutschen Nationalbibliografie; detaillierte Daten sind im Internet
über
<http://dnb.ddb.de> abrufbar.

© 2006 Dr. Peter Schmidt
Satz, Umschlagdesign, Herstellung und Verlag:
Books on Demand GmbH, Norderstedt
ISBN 10: 3-8334-5452-0
ISBN 13: 978-3-8334-5452-3

Inhalt

I. Vorwort

Warum schreibt jemand ein ganzes Buch über *einen* Satz in der Bibel, der nur aus vier Wörtern besteht? Und eigentlich ist doch die Aussage klar: „Du sollst nicht töten!"

Was gibt es darüber zu schreiben?

Dieses Gebot, welches eines der Fundamente der Grundgesetze zahlreicher Nationen ist, wurde im Laufe der Jahrhunderte von Vielen bewußt oder unbewußt falsch gedeutet. Daraus ergaben sich die unterschiedlichsten Interpretationen, welche sich heute in Gesetzen und Thesen wiederfinden, Grundlage für ganze Bewegungen sind, und auf verschiedenen Gebieten große Scharen von Anhängern für ein Pro und Kontra der jeweiligen Meinung auf den Plan gerufen haben.

Wenn man sich also offenbar nicht im Klaren ist, was der, der dieses Gebot aussprach, damit genau meinte, so fragen wir doch der Einfachheit halber ihn selbst.

Dabei ist von herausragender Wichtigkeit, dass es im Urtext verschiedene Wörter für das im deutschen nur mit *töten* übersetzte Wort gibt. Die im Urtext gebrauchten Worte unterscheiden aber die Art und Weise des Tötens. Daraus ergeben sich die Ansätze für die Lösung der Frage, was das 6. Gebot wirklich aussagt. Im Einzelnen wird im weiteren Text darauf eingegangen.

Dieses Buch will einige der verbreitetesten Themen aufgreifen und anhand der Bibel, des Wortes Gottes, erörtern, was dieses Gebot zu den verschiedenen Gebieten aussagt, bzw. *nicht* aussagt.

Es soll zum Nachdenken anregen, möglicherweise zum Umdenken anhalten, und eventuell eine Hilfe für solche sein, die eine gleichlautende Meinung vertreten, denen aber in Gesprächen über diese Themen die Argumente ausgehen.

Auf alle Fälle sind diese Themen heute hochaktuell.

Es wird besonderer Wert darauf gelegt, dass sich die Bibel und ihre Aussagen, so wie auch dieses Gebot, durch die Bibel selbst erklären.

Die Bibelzitate sind, soweit nicht anderes erwähnt, der Übersetzung Martin Luthers (revidierte Fassung von 1984) entnommen.

2. Vegetarier

Der Vorsitzende eines nationalen Vegetarier-Bundes, Herausgeber und Redakteur einer themenbezogenen Zeitschrift und Lehrer der Ernährungswissenschaften, hielt 1987 einen Vortrag auf dem Europäischen Vegetarier Kongreß unter der Überschrift: „Du sollst nicht töten!"

Unter Anderem traf er dort folgende Aussagen:

„Die vegetarische Bewegung wird fast immer als eine Ernährungsbewegung betrachtet. Nur wenige wissen um die Überzeugung von echten Vegetariern, dass die Nahrung nur eine Folge der ethischen Einstellung der Menschen ist. Der Grund liegt darin, dass viele Vegetarier den Schritt zum Vegetarismus nur getan haben, um sich von ihren körperlichen Beschwerden zu befreien."

✳

Naturphilosophisch inspirierte Menschen sind der Meinung, daß der Vegetarismus in eine natürliche Lebensweise paßt.

✳

Sitte und Gewohnheit dienen als Grundlage dafür, das Töten von Menschen und Tieren zu rechtfertigen. In Kriegszeiten wird man das Töten des Feindes als Heldentaten betrachten, werden Waffen gesegnet und heldenhafte Soldaten mit Gold ausgezeichnet werden. Sogar in Friedenszeiten wird man einen zum

Tode verurteilten ohne jede moralische Bedenken hinrichten. Abtreibung wird aufgrund sozialer Umstände ausgeführt werden. Was früher unerlaubt war, wird heute als selbstverständlich betrachtet und ungekehrt.

Es versteht sich, daß es für den Menschen äußerst schwierig geworden ist, noch zu wissen, was gut ist oder schlecht. Es werden täglich soviele Verbrechen begangen, und jedesmal findet der Mensch einen Grund, sie zu rechtfertigen.

*

Der Vegetarier empfindet das ethische Prinzip, er tötet keine Tiere. Es handelt sich hier um eine persönliche Überzeugung. Auch der Nicht-Vegetarier kann für diese moralische Haltung das nötige Verständnis oder gar Ehrfurcht aufbringen, aber für sich selbst hat er keine ethischen Bedenken; er tötet gnadenlos. Solange es um eine persönliche Entscheidung oder Einstellung geht, gibt es keine Schwierigkeiten; sobald man aber darauf hinweist, dass das Töten von Tieren ethisch unverantwortlich ist, kommt man in Konflikt mit seiner Umgebung: den Nicht-Vegetariern.

*

Nur eine kleine Gruppe der Bevölkerung macht sich bewußt, dass das Töten von Tieren ein Verbrechen darstellt.

*

Dass der Mensch Tiere tötet, ist ethisch betrachtet ein Verbrechen, weil dies der menschlichen Natur widerstrebt. Der Mensch kann aus eigener Kraft keine Tiere töten, und er kann keine tierische Nahrung verdauen.

Der Mensch kann nur Tiere töten, indem er Waffen, Zuchtpraktiken und andere Methoden gebraucht. Darin eben liegt das Verbrecherische, er respektiert die Spielregeln nicht. Das ahnungslose Tier wird unter Feuer genommen und gnadenlos getötet.

Die moderne Wissenschaft ist sich darüber völlig einig, dass der Mensch von Natur ein Pflanzenfresser ist, also ein Vegetarier.

*

Der Mensch hat sich über das Tier erhoben und jede Bindung mit dem Tier gelöst. Er hat Tiere sich unterworfen.

*

Der Vegetarier dagegen hat immer eine enge Verwandschaft mit dem Tier empfunden. Für ihn ist das Tier ein Mit-Geschöpf, mit dem man die Erde teilt.

*

Es wird wohl einmal die Bemerkung gemacht, Vegetarier seien sehr besorgt um die Tiere, hätten dagegen überhaupt kein Verständnis für die Pflanzen, die sie am liebsten lebend essen.

Es mag aus dem Munde eines Vegetariers sicher etwas seltsam klingen, dass Töten zur Natur gehört. Jedes Wesen in der Natur muss töten, auch Vegetarier. Nur Milch und Eigelb sind zwei natürliche Nahrungsmittel, erstgenanntes um das junge

Tier oder Baby zu ernähren und das zweite Küken. Jede andere Nahrung ist lebendige Natur; Pflanzen oder Tiere.

Wer Tiere tötet oder sich mit getöteten Tieren ernährt, lebt im Widerspruch mit sich selbst, mit der Natur. „

Soweit die Auszüge aus dem Vortrag.

Auf einen Widerspruch möchte ich vorweg hinweisen:

Zunächst wird gesagt, dass der Mensch *absolut nicht töten* darf. Dann am Ende der Ausführungen wird darauf hingewiesen, dass der Vegetarier sehr wohl *töten müsse*, nämlich die Pflanzen und Früchte, die er isst.

Aber unabhängig davon sollen die Aussagen anhand der Bibel einmal untersucht werden.

Es wird gesagt, dass die moderne Wissenschaft einig ist, dass der Mensch von Natur ein „Pflanzenfresser" ist. Für diese Erkenntnis bräuchte man aber gar nicht die Wissenschaft bemühen, denn das lesen wir schon auf den ersten Blättern der Bibel.

Im 1. Buch Mose (Genesis) Kapitel 1 Vers 29 und 30 steht: *Und Gott sprach: Sehet da, ich habe euch gegeben alle Pflanzen, die Samen bringen, auf der ganzen Erde, und alle Bäume mit Früchten, die Samen bringen, zu **eurer Speise.** Aber allen Tieren auf Erden und allen Vögeln unter dem Himmel und allem Gewürm, das auf Erden lebt, habe ich alles grüne Kraut zur Nahrung gegeben. Und es geschah so.*

In dem vorgenannten Vortrag wird von Mensch und Tier als Mit-Geschöpfen gesprochen. Somit kann man davon ausgehen, dass die Tatsache der *Schöpfung*, nicht in Frage gestellt wird. Und zur Schöpfung gehört eben auch ein Schöpfer.

Dieser Schöpfer hatte für seine Geschöpfe, Mensch und Tier, tatsächlich pflanzliche Nahrung vorgesehen. Aber nachdem der Mensch in Sünde gefallen war, mussten die ersten Tiere sterben, damit die Menschen Kleidung hatten. (1. Mose Kapitel 3, Vers 21) *Und Gott der Herr machte Adam und seinem Weibe Röcke von Fellen und zog sie ihnen an.*

Hier lesen wir noch nichts davon, das das Fleisch der geschlachteten Tiere auch gegessen wurde. Wir lesen nur vom Töten der Tiere in Verbindung mit Opfern.

In dem vorgenannten Vortrag wird kritisiert, dass ,,der Mensch sich über das Tier erhoben hat, und sich das Tier unterworfen hat.''

Bis zur Sintflut finden wir, wie schon gesagt, in der Bibel keinen Hinweis darauf, dass der Mensch Fleisch gegessen hat. Danach aber gibt Gott, der Schöpfer selbst, dem Menschen Anweisungen betreffend seines Verhältnisses zu den Tieren und bezüglich des Essens von Fleisch:

Furcht und Schrecken vor euch sei über allen Tieren auf Erden und über allen Vögeln unter dem Himmel, über allem, was auf dem Erdboden wimmelt, und über allen Fischen im Meer; in eure Hände seien sie gegeben. Alles was sich regt und lebt, das sei eure Speise; wie das grüne Kraut habe ich's euch alles gegeben. 1. Mose 9 Verse 2 und 3.

Sowohl im Alten Testament (AT), wie auch im Neuen Testament (NT) finden sich zahlreiche Hinweise und Anweisungen, die sich mit dem Essen von Fleisch auseinander setzen. Es gab im AT lediglich Anweisungen, welche Tiere *die Juden nicht essen* sollten.

Im NT finden wir die Anweisung an Petrus in der Apostelgeschichte 10:

Darin waren allerlei vierfüßige und kriechende Tiere der Erde und Vögel des Himmels. Und es geschah eine Stimme zu ihm: Steh auf, Petrus, schlachte und iss! Petrus aber sprach: O nein, Herr; denn ich habe noch nie etwas Verbotenes oder Unreines gegessen. Und die Stimme sprach zum zweiten Mal zu ihm: Was Gott rein gemacht hat, das nenne du nicht verboten. (Verse 12-15)

Und wir können sicher sein, dass der Schöpfer, der uns das Fleisch zum Essen gibt, auch dafür gesorgt hat, das wir es verdauen können.

Das Töten und Essen von Tieren ein Verbrechen zu nennen, würde bedeuten, Gott selbst der Anstiftung zu einem Verbrechen zu bezichtigen, da er diese Anweisungen gegeben hat. Können wir uns als Geschöpfe, „ethisch" über den Schöpfer erheben?

Menschen mögen aus eigener Überzeugung, aus gesundheitlichen Gründen, oder warum auch immer, auf das Essen von Fleisch verzichten. Und wenn jemand für sich selbst entschieden hat, kein Fleisch zu essen, und es ihm wichtig ist, dann sollte man auch darauf Rücksicht nehmen. Im NT, im 1. Brief an die Korinther, Kapitel 8 Vers 13 steht: *Darum, wenn Speise meinen Bruder zu Fall bringt, will ich nie mehr Fleisch essen, damit ich meinen Bruder nicht zu Fall bringe.*

Es bleibt festzuhalten, dass das 6. Gebot, **nicht** das Töten von Tieren, und auch nicht das Verzehren von Fleisch verbietet.

3. Wehrdienst / Kriegsdienst

Es gab und gibt viele junge Männer, die, als sie zum Wehrdienst einberufen wurden, dies verweigert haben. Offiziell werden diese Personen „Kriegsdienstverweigerer" genannt. In unserem Land wird von diesen jungen Männern eine Erklärung und Begründung verlangt. In diesen Begründungen findet sich als Hauptgrund die Berufung auf das 6. Gebot: *„Du sollst nicht töten."*

Vor einigen Jahren fanden sich in verschiedenen deutschen Zeitungen Berichte unter dem Titel: „Soldaten sind Mörder", bzw. „Soldaten sind potentielle Mörder". Hier wurde über Personen und deren öffentliche Äußerungen und dessen juristisches Nachspiel berichtet.

Hier zwei dieser Verfahren als Beispiel:

A. „A SOLDIER IS A MURDER"

1. Vorgeschichte
Der Beschwerdeführer1, zur Tatzeit 30 Jahre alt, Student und Kriegsdienstverweigerer, hielt sich im September 1988 bei Bekannten in Mittelfranken auf. Dort wurde zur gleichen Zeit das NATO-Herbstmanöver „Certain Challenge" durchgeführt. In der Nähe seines Aufenthaltsortes war ein Zug Kettenfahrzeuge der „US-Army" in Stellung gegangen. Der Beschwerdeführer war darüber bestürzt und schrieb auf ein Betttuch mit roter Farbe

„A SOLDIER IS A MURDER";
das so entstandene Transparent befestigte er gegen 10.00 Uhr an einer Straßenkreuzung am Ortsrand. Gegen 12.00 Uhr fuhr Oberstleutnant Ü. am Transparent vorbei und informierte die Polizei, diese entfernte gegen 14.00 Uhr das Transparent. Obstlt. Ü. stellte gegen den Beschwerdeführer Strafantrag.

2. Urteil des AG Ansbach, Zweigstelle Rothenburg ob der Tauber vom 11.9.1989

Der Beschwerdeführer (BF) wurde wegen Beleidigung zu einer Geldstrafe verurteilt. Der BF habe den Obstlt. durch die sinngemäße Äußerung von „Soldaten sind Mörder" im Sinne des Gesetzes beleidigt, da dieses Werturteil nach seinem objektiven Sinngehalt einen rechtwidrigen Angriff auf die Ehre des Obstlt. Ü durch vorsätzliche Kundgabe der Missachtung darstelle. Die Äußerung sei nicht durch die Wahrnehmung berechtigter Interessen gerechtfertigt, da die ehrverletzenden Äußerungen des BF weder zur Wahrnehmung berechtigter eigener Interessen, noch von Interessen der Allgemeinheit geeignet und erforderlich gewesen seien.

3. Urteil des Landgerichts Ansbach vom 17.7.1990

Die Berufung des BF und der Staatsanwaltschaft, die Erhöhung des Strafmaßes und Verurteilung wegen Volksverhetzung forderte, wurden als unbegründet verworfen – allerdings wurde das Strafgeld gemindert. Das LG gestand dem BF zu, den Ausdruck „murder" bewusst dem Ausdruck „murderer" vorgezogen zu haben (um so die Täter und Opferrolle der Soldaten aufzuzeigen). Der BF habe aber auch gewusst, dass „murder" sehr ähnlich wie „Mörder" klinge und daher, von nicht der englischen Sprache mächtigen Personen, verwechselt werden könnte. Zudem habe der BF gewusst, dass ein Mörder ein Schwerstkrimineller ist, der mit Höchststrafe bedroht wird. Dies sei eine Beleidigung des Obstlt. Ü.

4. Urteil des Bayrischen Obersten Landgerichts vom 20.8.1991

Die Berufungen von BF und Staatsanwaltschaft wurden komplett verworfen.

B. „Soldaten sind potentielle Mörder I"

1. Vorgeschichte

Der 1949 geborene Beschwerdeführer (BF) ist Oberstudienrat und Kriegsdienstverweigerer. 1989 fand in der Berufsschule seines Wohnortes eine Ausstellung von Karikaturen über die Bundeswehr statt. Die vom Streitkräfteamt der Bundeswehr organisierte Schau trug den Titel „Rührt euch". Der BF verfasste ein bebildertes Flugblatt in einer Auflage von 20-30 Stück, dieses Flugblatt verteilte er in der Aula der Berufsschule und befestigte es an den Windschutzscheiben mehrerer Kfz. Wegen des Flugblatts haben der Soldat R. und das Bundesverteidigungsministerium Strafanträge gestellt.

2. Urteil des AG Landsberg, vom 23.8.1990

Das AG verurteilte den BF wegen Beleidigung zu einer Geldstrafe, dies, weil die schriftlichen Äußerungen des

BF eine Kundgebung der Missachtung der gesamten Bundeswehr und damit jedes einzelnen Soldaten darstellten. Seine Äußerungen brächten zum Ausdruck, dass jeder Soldat am Ende seiner Ausbildung ein Mörder sei, jemand, der aus niederer Gesinnung töte. Dies sei der objektive Sinngehalt, der die Äußerungen des BF unbeachtlich mache, die darauf sich beriefen, dass Tötungshandlungen im Kriege wie im Verteidigungs-Fall ethisch zu missbilligen seien. Sein wichtiges Anliegen habe der BF auch ohne Formulierungen, die die Menschwürde herabsetzen, darstellen können. Letztendlich sei hier die Grenze von der scharfen Kritik zur polemischen Diffamierung überschritten.

3. Urteil des LG Augsburg vom 3.7.1991

Das LG hat die Berufung des BF verworfen und auf das Rechtsmittel der Staatsanwaltschaft hin, wurde das Strafmaß erhöht. Entscheidend sei die Frage, ob demjenigen, der seine Gedanken äußert, mit Rücksicht auf die Ehre der anderen zugemutet werden könne, eine andere Formulierung zu wählen. Dies sei zu bejahen, wenn es ohne Substanzverlust möglich sei. Der BF hat die Soldaten der BW als potentielle Mörder, was als Schmähkritik, also als herabsetzende Äußerung, die nicht mehr die Auseinandersetzung in der Sache, sondern die Diffamierung der Person zum vorzüglichen Ziel hat zu bewerten sei, bezeichnet, regelmäßig trete aber das Recht auf freie Meinungsäußerung hinter den Persönlichkeitsschutz zurück. Es wurde auch berücksichtigt, dass die Soldaten der BW keinen Anlass zur Bezeichnung als potenzielle Mörder gegeben hätten.

Man sieht, dass es offensichtlich verschiedene Ansichten in dieser Frage gibt.

Die Einen sehen Soldaten generell als Mörder, bzw. als potentielle Mörder, berufen sich auf das 6. Gebot und lehnen daher jeglichen Kriegs-, Wehrdienst ab. Andere, auch ernste Christen, folgen der Einberufung mit gutem Gewissen und verrichten ihren vom Staat geforderten Dienst.

Was aber sagt die Bibel zu diesem Thema? Verbietet sie mit dem 6.Gebot den Kriegsdienst? Kann sich der Verweigerer auf das 6. Gebot berufen?

Das 6. Gebot spricht sich **nicht** gegen die aus, die ihrem Staat als Soldaten dienen. Es spricht auch **nicht** gegen den Wehrdienst. Es spricht sich auch **nicht** gegen Berufssoldaten aus.

Das Gegenteil zu behaupten würde die Bibel, das Wort Gottes, verzerren.

Nach der Bibel sind Soldaten **keine** Mörder.

Allerdings ist zu sagen, dass es leider in der meisten Kriegen auch Kriegsverbrechen gibt, die als Einzeltaten im Verantwortungsbereich einzelner Soldaten liegen. Diese sind natürlich ebenso zu bewerten, wie andere Straftaten auf diesem Gebiet.

Aber in diesem Kapitel soll es um die allgemeinen Aussagen der Bibel zum Thema *Töten* in Verbindung mit *Kriegs- oder Wehrdienst* gehen.

In der Bibel lesen wir davon, dass Gott selbst Kriege veranlasst und geplant hat, wenn es um sein Volk und dessen Feinde ging.

Und im Rahmen der Gesetzgebung am Berge Sinai, hat er auch den Wehrdienst geboten.

Beispiele:

1. 2. Mose, Kapitel 23 Verse 27 und 29-30:
Ich will meinen Schrecken vor dir her senden und alle Völker verzagt machen, wohin du kommst, und will geben, dass alle Feinde vor dir fliehen.
Aber ich will sie nicht in einem Jahr ausstoßen vor dir, auf dass nicht das Land wüst werde und sich die wilden Tiere wieder dich mehren. Einzeln nacheinander will ich sie vor dir her ausstoßen, bis zu zahlreich bist und das Land besitzt.

Hier sehen wir Gottes Plan, der generalstabsmäßig aufgeführt ist, nämlich dass das Volk Israel die heidnischen Völker vertreiben sollte, aber nicht auf einmal, sodaß das Land brach läge, sondern nach und nach, so wie sie die eingenommenen Gebiete auch bevölkern würden.

2. 5. Mose, Kapitel 1 Vers 30:
Der Herr, euer Gott, zieht vor euch hin und wird für euch streiten, wie er`s mit euch getan hat in Ägypten vor euren Augen und in der Wüste.

3. 2. Samuel Kapitel 5 Vers 24:
Und wenn du hörst, wie das Rauschen in den Wipfeln

der Bakabäume einhergeht, so eile; denn dann ist der Herr ausgezogen vor dir her, zu schlagen das Heer der Philister.

Wenn Gott sagt, dass die Feinde fliehen werden, dann nicht dadurch, das er den Himmel öffnet und seine Engel zur Vertreibung aussendet, sondern ER selbst zieht vor dem kämpfenden Heer des Volkes Israel her.

Gott hat das Land welches er seinem Volk versprochen hatte geschenkt. Er hätte die Feinde im Lande einfach wegnehmen können.

Aber das tat er nicht. Auf jeden Zentimeter den sie besitzen wollten, mussten sie erst ihren Fuss setzen. Das heißt, sie mussten es *militärisch* einnehmen.

4. Mose Kapitel 11 Vers 24 u 25: *Alles Land, darauf eure Fußsohle tritt, soll euer sein: von der Wüste bis an den Berg Libanon und von dem Strom Euphrat bis ans Meer im Westen soll euer Gebiet sein. Niemand wird euch widerstehen können. Furcht und Schrecken vor euch wird der Herr über alles Land kommen lassen, das ihr betretet, wie er euch zugesagt hat.*

Und in Bezug auf den Wehrdienst?
Das 1. Kapitel des 4. Buch Mose beschäftigt sich mit der Zählung der wehrfähigen Männer aus den einzelnen Stämmen.

4.Mose Kapitel 1 Vers 3: … *von zwanzig Jahren und darüber, was wehrfähig ist in Israel.*

Vers 45: *Und die Summe der Israeliten nach ihren Sippen, von zwanzig Jahren und darüber, alles, was wehrfähig war in Israel, war*
603.550.

5. Mose Kapitel 24 Vers 5: *Wenn jemand sich kurz vorher eine Frau genommen hat, soll er nicht mit dem Heer ausziehen, und man soll ihm nichts auferlegen.*

Gott gab also selbst die Anweisung zur Musterung und sogar Sonderrechte, wie z.B. in 5. Mose 24, Vers. 5.

Das 6. Gebot spricht sich also in keiner Weise gegen den Militärdienst aus. Ganz im Gegenteil, Gott gab die Anweisungen, damit sein Volk ein starkes und streitbares Heer war.

Gott widerspricht sich ja nicht selber. Er gibt auf dem Berg Sinai zuerst die 10 Gebote, zu dem eben auch das 6. Gebot „Du sollst nicht töten" gehört, gibt dann Anweisungen über die Musterung, Anweisungen über Heeresaufstellung und Heeresplanung um dann damit aber gemeint zu haben, *kein Wehrdienst, kein Militär, keine Soldaten?!*

Nun könnten manche Leser einwenden: „Ja, im Alten Testament, das ist ja auch das Buch der Kriege, des Blutes. Dort heißt es ja auch –Auge um Auge und Zahn um Zahn-, aber im Neuen Testament, wie sieht es da aus?"

Der Gott des AT ist natürlich auch der Gott des NT. Er sandte seinen eigenen Sohn, Jesus Christus, der in seinem

Leben hier auf der Erde, das ganze Gesetz erfüllte. Und sprach dieser sich gegen den Wehrdienst, gegen Soldaten und Kriegsdienst aus?

Was sagt das Neue Testament zu diesem Thema?

Im Evangelium des Lukas lesen wir, dass sich viele Menschen aufgemacht haben um zu Johannes dem Täufer an den Jordan zu gehen, damit sie von ihm getauft würden (Lukas 3). Unter diesen, die dort hin kamen waren auch Soldaten. Johannes der Täufer predigte dort am Jordan, dass die Menschen Buße tun müssen. Das heißt, sie sollten nicht mehr Böse Dinge tun, sondern umkehren und das Gute tun.

Da fragte ihn die **Menge**: Was sollen wir tun? Und er antwortet ihnen, sie sollen ihre Kleidung und ihr Essen mit den Bedürftigen teilen. (Vers 11)

Es fragen ihn die **Zöllner**: Was sollen wir tun? Und er antwortet ihnen, sie sollen nicht mehr fordern, als ihnen vorgeschrieben ist. (Vers 13)

Und es fragen ihn die **Soldaten**. Was sollen wir tun?

Was sagt Johannes ihnen? Legt euren Eid ab? Tretet aus der Armee aus? Legt die Waffen nieder? Ihr seid potentielle Mörder? Ihr verstoßt gegen das 6. Gebot?

Nein, nichts dergleichen sagt er ihnen. Er sagt ihnen: „Tut niemand Gewalt oder Unrecht und laßt euch genügen an eurem Sold!"

Johannes verbot ihnen nicht den Kriegsdienst, sondern er ermahnt sie ganz klar *keine Kriegsverbrecher.* zu begehen.

Und sie sollen mit ihrem Sold zufrieden sein, sie sollen sich mit dem begnügen, was sie bekommen.

Wie geht Jesus mit Soldaten um?

Im Lukas 7 lesen wir eine Begebenheit, dass ein Hauptmann aus der Stadt Kapernaum einen kranken Knecht hatte. Als dieser Hauptmann von Jesus hört, schickt er Boten zu ihm mit der Bitte, seinen Knecht wieder gesund zu machen. Jesus macht sich auf den Weg und als er in die Nähe des Hauses kommt, schickt der Hauptmann ihm Freunde entgegen und lässt ihm ausrichten: *„Ach Herr, bemühe dich nicht; ich bin nicht wert, dass du unter mein Dach gehst; ....sondern sprich ein Wort, so wird mein Knecht gesund. Denn auch ich bin ein Mensch, der Obrigkeit untertan, und habe Soldaten unter mir; und wenn ich zu einem sage: Geh hin!, so geht er hin, und zu einem anderen: Komm her!, so kommt er; und zu meinem Knecht: Tu das!, so tut er's." Als aber Jesus das hörte, wunderte er sich über ihn und wandte sich um und sprach zu dem Volk, das ihm nachfolgte: Ich sage euch: Solchen Glauben habe ich in Israel nicht gefunden. Und als die Boten wieder nach Hause kamen, fanden sie den Knecht gesund.* (Lukas 7 Verse 6b – 10)

Für Jesus war der Glaube entscheidend, nicht der Beruf. Und hier handelte es sich um einen Offizier der Besatzungsmacht in Israel zu jener Zeit!

Was finden wir im NT noch zu diesem Thema?

Lesen sie in der Apostelgeschichte 10 nach. In der Stadt Cäsarea, gab es einen Hauptmann mit Namen Kornelius. Die Bibel beschreibt ihn als frommen und gottesfürchtigen

Mann. Er suchte den Gott der Israeliten, hatte aber noch keine lebendige Beziehung zu Jesus Christus.

Petrus, der zu ihm gerufen wird, erzählt ihm von diesem, erzählt von der Kreuzigung und von der Auferstehung und von dem Auftrag, den er von seinem Herrn empfangen hat. Im Vers 44 kann man lesen, dass der Heilige Geist über **alle** kam, die das Wort hörten. Und in Vers 48 steht, dass sie, auch der Hauptmann, getauft wurden. Einer der ersten Christen ist ein Soldat, ein Offizier.

In Vers 33 lesen wir, dass dieser Hauptmann Petrus mit den Worten empfängt: „Da sandte ich sofort zu dir; und du hast recht getan, dass du gekommen bist. Nun sind wir hier alle vor Gott zugegen, um **alles** zu hören, was dir vom Herrn befohlen ist."

Er wollte **Alles** hören, was der Herr befohlen hat. Er wäre sicher bereit gewesen, seine militärische Laufbahn zu beenden, wenn es der Wille des Herrn gewesen wäre, denn er suchte ja Gott.

Aber Petrus sagt nichts dergleichen.

Kornelius muss keinen Abstand nehmen von seinem Militärdienst, er blieb römischer Offizier, aber mit einem Unterschied: Er war jetzt wirklicher, getaufter Christ. Und davon gibt es auch heute noch genügend auf der ganzen Welt.

Und dies sind keine potentiellen Mörder, und sind keine, die sich gegen das 6. Gebot versündigen!

Das soll nicht heissen, dass die jungen Männer verurteilt werden sollen, die Ersatzdienst leisten. Überhaupt nicht! Das ist teilweise ein schwerer und aufopfender Dienst.

Wenn jemand aus *persönlicher* Überzeugung keine Waffe in die Hand nehmen möchte, dann ist das nichts Schlechtes. Und wenn jemand die freie Wahl hat zwischen Wehrdienst und Ersatzdienst, dann sollte man niemand belächeln oder diskriminieren weil er sich für den sozialen Dienst entscheidet. Wenn jemand die Überzeugung hat, dann ist es gut für ihn und dann soll er auch dazu stehen.

Aber es darf keine Lehre daraus gemacht werden, und darf nicht die Bibel, und schon gar nicht das 6. Gebot herangezogen werden, um zu sagen: Ich *darf* als Christ keinen Wehrdienst leisten!, denn das wäre nach Gottes Wort nicht richtig.

Wir können also festhalten, dass 6. Gobot: „Du sollst nicht töten!" spricht sich **nicht** gegen den Wehrdienst aus.

4. Todesstrafe

Jetzt kommen wir zu einem nicht ganz einfachen Thema, näm-lich der viel umstrittenen, teilweise aber geforderten und in manchen Ländern der Erde noch praktizierten Todesstrafe.

Was sagt uns die Bibel zu diesem Thema? Die Kritiker der Todesstrafe führen ja eben das 6. Gebot an, „Du sollst nicht töten!" Will Gott dies auch mit dem 6. Gebot so verstanden wissen?

Um zu verstehen was im 6. Gebot wirklich gesagt ist, muß man im Urtext nachschauen und sehen, welches Wort im 6. Gebot für „töten" verwendet wird.

Leider haben wir oftmals in der deutschen Sprache nur ein Wort zur Übersetzung, wo im Urtext verschiedene Worte gebraucht werden, die abweichende Aussagen beinhalten.

Im 6. Gebot finden wir im hebräischen das Wort RASACH, welches in den deutschen Übersetzungen mit „töten" über-setzt wird.

Hebräisch RASACH bedeutet IMMER nur: MORD, vorsätz-liches Töten aus niederen Beweggründen. Deshalb gibt es auch Übersetzungen, die das 6. Gebot mit „Du sollst nicht morden!" übersetzen.
Eine niederländische Übersetzung sagt „Du sollst nicht tot-schlagen!" Das bedeutet: Du sollst nicht unter Anwendung von Gewalt morden!

RASACH = MORD setzt vier Dinge voraus, die auch heute in der Justiz Voraussetzungen sind, um eine Tat als MORD einstufen zu können.

Mord ist 1. *Geplant, 2. Tötet* 3. einen *Menschen, 4. aus niederen Motiven.*

Erst wenn alle diese 4 Dinge vorhanden sind, ist es juristisch, und nach der Bibel, ein Mord. Und erst dann kommt die Aussage des 6. Gebotes zur Geltung: „Du sollst nicht töten = morden!"

Das andere hebräische Wort, LAHAROG bedeutet Töten im weiteren Sinne und wird auch so in den deutschen Bibelübersetzungen mit „töten" übersetzt.

Die Frage der Todesstrafe ist für Christen und Nichtchristen ein großes Problem. In christlichen Kreisen spricht man sehr wenig darüber, wenn überhaupt.

Aber fragen wir doch den, der das 6. Gebot gegeben hat.

Im AT war die Todesstrafe eine undisskutierbare Tatsache. Da ging es nie um die Frage, *ob* sie angebracht war, oder ob sie richtig war, sondern Einzig und Allein ging es darum *WER* sie verdient hatte.
Und *Wer* die Todesstrafe verdient hatte, darüber lässt uns die Bibel auch nicht im Unklaren. Sie galt nämlich für jeden, der eben gegen das 6. Gebot „Du sollst nicht morden", verstoßen hatte!

Nach der Sintflut, als Gott noch einmal ganz von vorne mit den Menschen einen Bund geschlossen hat, mit Noah und seinen Söhnen, da hat Gott einiges festgelegt.

Unter anderem die Todesstrafe!

1.Mose 9, Vers 6: *Wer Menschenblut vergießt, dessen Blut soll auch durch Menschen vergossen werden; denn Gott hat den Menschen nach seinem Bilde gemacht.*

Später finden wir noch weitere Anweisungen. Ab 2. Mose 21 finden wir die Rechtsordnungen, die Gott seinem Volk gab.

2. Mose 21, Vers 12: *Wer einen Menschen schlägt, dass er stirbt, der soll des Todes sterben.*
 Vers 14: *Wenn aber jemand an seinem Nächsten frevelt und ihn mit Hinterlist*
 umbringt, so sollst du ihn vom Altar wegreißen, dass man ihn töte.
3.Mose 24, Vers 17: *Wer irgendeinen Menschen erschlägt, der soll des Todes sterben.*
4.Mose 35, Vers 16: *Wer jemand mit einem Eisen schlägt, dass er stirbt, ist ein Mörder*
 und soll des Todes sterben.

Hier sieht man, dass im Alten Testament die Todesstrafe eine ganz normale Angelegenheit war.

Die Frage ist auch hier wieder, was sagt das NT. Können oder sollen wir auch heute noch an den Verordnungen des AT so einfach festhalten?

Vielleicht gibt es mehr Christen die dies Verneinen, als solche die es bejahen.

Oft hört man von Christen als Argument gegen die Todesstrafe, dass dieser zum Tode verurteilte, wenn er noch länger leben würde (auch im Gefängnis), irgendwann doch noch einmal die Chance hätte, seinen Fehler einzusehen, und zum Glauben an Jesus Christus zu kommen. Wenn jemand zum Beispiel im Alter von 26 Jahren verurteilt wird, dann hat er vielleicht noch 60 Jahre Zeit umzukehren. So, oder ähnlich lauten die Argumente.

Aber andererseits, gibt es wahre Überlieferungen, dass Mörder, die zum Tode verurteilt waren und von Geistlichen betreut wurden, noch vor der Hinrichtung Frieden mit Gott gefunden haben, und im inneren Frieden das Todesurteil als gerecht und demütig angenommen haben. In Todeszellen geschieht sicher mehr als wir ahnen.

Die Chance, dass ein Mörder sich zu Gott bekehrt ist sehr gering. Das sagt die Erfahrung. Leider ist es so, dass viele die nach Jahren wieder auf freiem Fuss sind, das gleiche wieder tun.

Im Bereich Sexualdelikte liegt die Rückfallquote deutlich höher als in anderen Bereichen.

Wenn die Rückfallquote im Durchschnitt bei 25 % liegt, so liegt sie bei Sexualdelikten im Bereich homosexueller Pädophilie bei über 50 %, bei Sexualdelikten im Bereich heterosexueller Pädophilie bei 25-50 % und bei Vergewaltigung oder sexueller Nötigung bei 10-25 %. (Quelle: MMW-Fortschr.Med.Nr.48/2005)

Wenn ein Tier einen Menschen anfällt und tötet, ist man überzeugt, dass wenn man es nicht sofort tötet, es das selbe noch einmal tun wird. Es wird wieder einen Menschen töten, weil die Hemmschwelle überschritten ist, und deshalb wird es getötet, ohne Gnade.

Es tut natürlich sehr weh, einzusehen, dass Menschen manchmal wie Tiere, nein sogar schlimmer wie Tiere solche Greueltaten verüben.

Ein Tier tötet aus Hunger, oder aus Notwehr.

Menschen können aus purer Lust töten! Menschen können vergewaltigen, foltern, verstümmeln, ganz bewußt quälen, und sie sind bereit, solches sogar das zweite und dritte Mal zu tun!

Und manche bekommen, gefördert durch unser humanes Strafsystem, dazu mehrfach die Gelegenheit.

Und man muss feststellen: Die Bibel hat doch recht. Wenn die Menschen den Mut hätten, solche Täter nach biblischen Maßstäben zu strafen, gebe es mehr Ordnung und weniger Opfer.

Aber leider geschieht oft das Gegenteil.

Die Täter werden für Unzurechnungsfähig erklärt, oder ähnliche Entschuldigungen, und nach einigen Jahren haben sie wieder die Möglichkeit, neue Opfer zu finden.

Beispiele für sexuell motivierte Wiederholungdelikte

- Fall Stephanie: Der Täter Mario M. hatte die 13-jährige Stephanie am 11. Januar 2006 auf dem Weg zur Schule entführt und fünf Wochen lang in seiner Wohnung gefangen gehalten. 1999 wurde er wegen Kindesmissbrauchs zu drei Jahren und vier Monaten Haft verurteilt. Nach zwei Dritteln der Zeit wurde er entlassen – wegen seiner „absolut beanstandungsfreien Bewährungszeit" erließ man ihm die Reststrafe Ende 2005.

- Fall Levke: Der Mörder der kleinen Levke, Marc H., wurde bereits 1994 wurde wegen versuchter Vergewaltigung zu einer zweijährigen Bewährungsstrafe verurteilt. Im Jahr 2000 lief ein Verfahren gegen ihn, weil er ein 17-jähriges, geistig behindertes Mädchen in sein Auto gelockt und gefesselt haben soll. Dieses Verfahren wurde wegen der schwachen Beweislage eingestellt.

- Ende 1994 hatte der 37-jährige Jens A. zusammen mit Sandro P. in Berlin den achtjährigen Daniel von einem Spielplatz entführt und ihn sexuell missbraucht. Sein Komplize brachte das Kind um. Jens A. wurde wegen sexuellen Missbrauchs von Kindern zu sieben Jahren und drei Monaten Haft verurteilt, sein Komplize erhielt wegen Mordes eine Jugendstrafe von neun Jahren und drei Monaten. Jens A. war am 21.02.2006 freigekommen, nachdem ihm zwei Gutachten die Ungefährlichkeit bescheinigten und hat kurz nach seiner Haftentlassung mindestens zwei Jungen im Alter zwischen 14 und 18 Jahren missbraucht.

- Fall Carolin: Der 29-jährige Maik S. hat die 16-jährige Carolin aus Graal-Müritz am 15. Juli 2005 bei einer Fahrradtour in der Rostocker Heide überfallen, vergewaltigt und mit Steinschlägen gegen Kopf und Hals getötet. Erst kurz zuvor war der Mann nach sieben Jahren aus dem Gefängnis entlassen worden. Er hatte eine Haftstrafe wegen Geiselnahme und Vergewaltigung verbüßt.

Zeitungsberichte hierzu:

Mordverdächtiger im Fall Carolin vorbestraft

Der 29-Jährige, den die Polizei als Tatverdächtigen im Mordfall Carolin festgenommen hat, ist vorbestraft. Am 8. Juli war Mike S., Vater einer achtjährigen Tochter, nach einer siebenjährigen Haftstrafe wegen Vergewaltigung, Geiselnahme und schweren Raubes entlassen worden. Das sagte die Rostocker Staatsanwaltschaft. Es gebe zwar keine Hinweise auf eine Vergewaltigung im Fall Carolin, man könne aber einen sexuellen Hintergrund nicht ausschließen.

Am Dienstagabend hatte das Amtsgericht Rostock auf Antrag der Staatsanwaltschaft Haftbefehl gegen Mike S. wegen dringenden Mordverdachts erlassen. Die Obduktion habe ergeben, dass die 16-Jährige erschlagen wurde, so die Staatsanwaltschaft.

Laut Zeugenaussagen habe sich der Tatverdächtige zur vermutlichen Tatzeit am Freitagnachmittag in dem Waldgebiet aufgehalten, in dem Carolin getötet wurde, sagte Oberstaatsanwalt Holger Evermann. Ein „weiteres belastendes Moment" für den Tatverdächtigen habe das Verhalten der Fährtenhunde nach dem

Auffinden der Leiche ergeben. Evermann dementierte allerdings Medienberichte, wonach ein Hund die Polizisten zum Elternhaus des Mannes geführt hatte. Außerdem gebe es noch weitere Indizien, die wegen der laufenden Ermittlungen aber nicht veröffentlicht werden könnten.

Mike S. hatte seine Strafe verbüsst, weil er ebenfalls in der Rostocker Heide eine Autofahrerin entführt und vergewaltigt hatte. Zuvor war er bereits mehrfach straffällig geworden.

Ermordete Carolin doch vergewaltigt

Entgegen ersten Annahmen der Rostocker Staatsanwaltschaft ist die am 15. Juli ermordete Carolin doch vergewaltigt worden. An der Leiche des 16-Jährigen Mädchens seien Spermaspuren gefunden worden, sagte Oberstaatsanwalt Holger Evermann am Donnerstag der Nachrichtenagentur dpa. Die Spuren stammen eindeutig von dem als Täter überführten Maik S., der bereits in Rostocker Untersuchungshaft sitzt.

Zunächst hatte die Staatsanwaltschaft angenommen, dass die Tat zwar womöglich einen sexuellen Hintergrund hätte, es jedoch nicht zu einer Vergewaltigung kam. Die Behörde hatte bereits am Donnerstag mitgeteilt, dass der Verdächtige auch anhand von DNA-Spuren an einer Zigarettenkippe sowie an einer Jogginghosen-Kordel überführt worden war.

Die Rostocker Staatsanwaltschaft geht inzwischen davon aus, dass der 29-Jährige das Mädchen wie in einem früheren Vergewaltigungsfall mit dem Hosenband fesselte und anschließend vergewaltigte. Die Behörde beab-

sichtigt, innerhalb der nächsten sechs Wochen Anklage
gegen Maik S. zu erheben.

Justizminister fordert Aufklärung

Mecklenburg-Vorpommerns Justizminister Erwin Selle-
ring (SPD) sagte am Mittwoch im Radiosender Antenne
Mecklenburg-Vorpommern: „Wir lassen uns berichten,
wie die erste Verurteilung aussah, warum es keine Si-
cherungsverwahrung gab, wie das psychologische und
psychiatrische Gutachten ausfiel und warum man der
Meinung gewesen war, dass der Mann gesund sei."

Fall Peter (Zeitungs-Bericht):

München: Sexualmord an neunjährigem Jungen

Ein neunjähriger Junge aus München ist einem Sexual-
verbrechen zum Opfer gefallen. Er wurde am Freitag-
nachmittag tot gefunden. Unter Mordverdacht steht
ein 28-jähriger Wiederholungstäter. Wie die Polizei am
Abend mitteilte, hatte der geständige Mann bereits im
Oktober 1994 in Regensburg einen Elfjährigen mit 70
Messerstichen getötet.

Der mutmaßliche Mörder Martin P. gab nach seiner
Festnahme an, den kleinen Peter aus dem Stadtteil
Neuperlach nach sexuellen Handlungen erstickt und in
einen Müllcontainer geworfen zu haben. Tatort war das
Zimmer des Verdächtigen in einer Sozialunterkunft.
Der Vater des in München getöteten Jungen und der
28-Jährige kannten sich nach Angaben der Polizei aus
dem Gefängnis. Auch das Opfer muss seinen späteren

Mörder gekannt haben, ergaben die Ermittlungen. In Peters Familie verkehrten noch mehrere andere, zum Teil wegen Sexualdelikten vorbestrafte Ex-Häftlinge.

Peter war zuletzt am Donnerstagmittag gesehen worden. Er war mit dem Schulbus bis in die Nähe seiner Wohnung gefahren. Der Busfahrer sah ihn noch, wie er zum Wohnhaus seiner Eltern ging; dort tauchte er aber nicht auf.

Martin P. hat das Kind offenbar mit zu seiner Sozialunterkunft genommen und dort als seinen Sohn ausgegeben. In seinem Zimmer habe er ihn dann sexuell missbraucht, berichtete die Polizei. Als der Junge drohte, seinen Eltern davon zu erzählen, habe ihn der Mann erstickt und die Leiche auf dem Gelände der Wohnanlage in den Container geworfen.

Zunächst hatten die Eltern selbst die Umgebung abgesucht und Schulfreunde des Jungen befragt. Am Donnerstagabend verständigten sie schließlich die Polizei. Eine groß angelegte Suchaktion mit Polizeihubschrauber blieb erfolglos. Schließlich führte der Verdächtige selbst die Beamten zum Fundort der Leiche.

Für den Mord an dem Kind in Regensburg war Martin P. zu einer Jugendstrafe von neun Jahren verurteilt worden, die er bis zum April 2004 absaß. Die Haft verlängerte sich um ein halbes Jahr, weil er im Gefängnis einen früheren sexuellen Übergriff auf ein Kind gestand. Im April 2004 wurde der Mann entlassen und war regelmäßig in der Familie des Jungen zu Besuch. Die Polizei will *jetzt überprüfen, ob der Mann seit April 2004 weitere Sexualstraftaten begangen hat.*

Nach seiner Entlassung waren dem Mann mehrere Auflagen gemacht worden, unter anderem der Besuch einer Therapie. Diese Therapie habe er aber nicht gemacht. „Es gibt leider keine Möglichkeit, eine Therapie gesetzlich zu erzwingen", sagte der Münchner Oberstaatsanwalt Peter Boie.

Und zuletzt ein weiteres, wohl das bekannteste Beispiel:

Die Verbrechen des Marc Dutroux
(Bericht)

Anklage wegen Mordes an vier Mädchen

Am 1. März 2004, acht Jahre nach den grausamen Verbrechen, beginnt im südbelgischen Arlon der lang erwartete Prozess gegen den Kinderschänder Marc Dutroux. Der verurteilte Vergewaltiger und mutmaßliche Mörder von vier Mädchen muss sich vor Gericht verantworten. Der Prozess bricht in jeder Hinsicht Rekorde: Mehr als sieben Jahre Voruntersuchung, eine Gerichtsakte von 440.000 Seiten, zwei Staatsanwälte, 472 Zeugen und 1340 akkreditierte Journalisten.

Am 9. August 1996 wird die 14-jährige Laetitia in Bertrix auf dem Heimweg vom Schwimmbad verschleppt. Eine Zeugin beobachtet einen weißen Lieferwagen, der auf den Namen Marc Dutroux angemeldet ist. Vier Tage später werden Dutroux, seine Frau Michelle Martin und sein Komplize Michel Lelievre verhaftet. Mutmaßlicher

Chef der Bande ist der Brüsseler Geschäftsmann Michel Nihoul. Er steht im Verdacht, die von Dutroux entführten Mädchen an reiche Kunden vermittelt zu haben.

Erschreckendes Geständnis

Nach zwei Tagen ununterbrochenen Verhörs gesteht Dutroux, was die Ermittler längst ahnten: Im Keller eines seiner fünf Häuser hat er ein Verließ gebaut. Versteckt hinter einem Regal befindet sich der 1.60 Meter hohe Raum in dem er seine Opfer einsperrte. Die 14-jährige Laetitia, die sechs Tage zuvor verschwunden war und die 11-jährige Sabine werden lebend gefunden. Sabine hatte 80 Tage im Keller verbracht. Kaum jemand hoffte noch, sie lebend wiederzufinden.

Doch es bleibt der Verdacht, dass noch mehr verschwundene Mädchen, Opfer des Kinderschänders wurden. Auf der Suche nach Beweisen wird jede Ecke von Dutrouxs Häusern durchsucht. Schließlich finden die Ermittler auf dem Gelände eines anderen Hauses von Dutroux die Leichen von zwei vermissten Mädchen und eines ermordeten Komplizen von Dutroux. Julie war acht und Melissa neun Jahre alt als sie verschwanden. Monatelang waren sie in Dutroux' Verließ eingesperrt und sind am Ende grausam verhungert.

Der weiße Marsch

Fragen werden laut: Gehört Dutroux zum einem Kinderschänderring? Hat die Polizei nicht korrekt ermittel? Auch das Haus des ermordeten Dutroux-Komplizen wird untersucht.

*Die Leichen von zwei weiteren vermissten Mädchen wer-
den gefunden: Eefje und An. Ganz Belgien ist geschockt.
Die Eltern der Opfer fordern die schonunglose Aufklä-
rung der Verbrechen.*

*Bei einer Dankesfeier mit den beiden befreiten Mäd-
chen Laetitia und Sabine ist auch der populäre Untersuchungsrichter im Fall Dutroux, Jean-Marc Connerotte,
anwesend. Er wird wegen „Befangenheit" abgesetzt.
Belgien ist empört: Es trifft ausgerechnet den Mann, der
es schaffte, die Kinder zu befreien. Der Volkszorn ballt
sich zur größten Demonstration in der Geschichte des
Landes: Über 300.000 Menschen ziehen beim „Weißen
Marsch" durch Brüssel.*

Einzeltäter oder Kinderschänderring?

*Ein neuer Untersuchungsrichter wird ernannt. Der un-
erfahrene Jacques Langlois soll den schwersten Fall der
belgischen Rechtsgeschichte lösen. Von Beginn an lässt
er keinen Zweifel daran, dass er Dutroux für einen per-
versen Einzeltäter hält.*

*Doch ein früherer Mieter von Dutroux, Claude Thirault,
erinnert sich anders: „Wir saßen im Lieferwagen und
kamen bei ihm in Marcinelle an. Er fragte: ‚Möchtest
Du nicht ein bisschen Geld verdienen?' Ich dachte mit
Arbeit oder so. Da sagte er: ‚Besorg mir Mädchen und ich
zahle Dir 150.000 Francs'. Ich sagte: ‚Du weißt, ich ent-
führe keine Kinder. Das hast Du mich schonmal gefragt.
Das interessiert mich nicht.' Er hat nicht so geredet, als
würde er die Mädchen für sich behalten, um sie selbst*

zu missbrauchen. Er hat immer davon gesprochen sie ins
Ausland zu bringen – immer wieder."

Mädchen für Nihoul

Der Verdacht, Dutroux sei nur der Handlanger eines
weit verzweigten Rings von Kinderschändern, erhärtet
sich in den Verhören des vermeintlichen Komplizen Le-
lievre. Der gibt zu Protokoll: „Dutroux hat mir gesagt,
dass es seine Rolle war, die Mädchen zu entführen, und
ihnen klar zu machen, dass sie nie wieder nach Hause
kommen würden. Er wollte sie gefügig machen nach den
Wünschen der Personen, die sie bestellt hatten und sie
dann ‚liefern'".
Auch Dutroux' Frau Michelle Martin erzählt den Ermitt-
lern nach ihrer Verhaftung, dass ihr Mann Michel Lelievre
angewiesen habe, er solle Mädchen für Michel Nihoul
mitbringen

Umfrage: Mehrheit will Todesstrafe für Marc Dutroux

Im Falle eines Schuldspruchs für den Kinderschänder
Marc Dutroux würden zwei Drittel aller Belgier die ab-
geschaffte Todesstrafe für angemessen halten. Das hat
eine Umfrage der Zeitungen „Het Laatste Nieuws" und
„La Dernière Heure" vier Tage vor Prozessbeginn erge-
ben. (26.02.2004, Archiv)
Die 1000 Befragten äußerten zugleich große Zweifel,
dass vor Gericht die volle Wahrheit an den Tag kommt.
Nur vier Prozent glauben dies. 88 Prozent erwarten, dass
Unklarheiten bleiben werden. Dutroux ist bereits in
den 80er Jahren verurteilt worden, weil er Minder-
jährige entführte und vergewaltigte.

Eine Chronik der Geschehnisse von 1995 bis 2004

Das Vorleben des Marc Dutroux

Dutroux wurde 1956 in Brüssel geboren. Er flog wegen des Verkaufs von Pornofotos von der Schule und beging Diebstähle, bevor er Elektriker wurde. <u>1989 wurde er wegen Entführung und Vergewaltigung von fünf jungen Frauen zwischen zwölf und 19 zu dreizehneinhalb Jahren Gefängnis verurteilt. Wegen guter Führung kam er 1992 frei.</u>
1996 wurde Dutroux wieder festgenommen. Ihm werden die Entführung von sechs und die Ermordung von vier Mädchen zur Last gelegt.

Die Taten

In den Jahren 1995 und 1996 soll Dutroux die Mädchen Melissa, Julie, An, Eefje, Sabine und Laetitia entführt, sich an ihnen vergangen, sie gefoltert und die ersten vier getötet haben. Im Sommer 1996 wurde der damals 39jährige Dutroux im belgischen Charleroi verhaftet. Kurze Zeit später fand die Polizei im Haus des einschlägig vorbestraften Kinderschänders zwei vermisste Mädchen und vier Kinderleichen. Auch ein Komplize Dutroux` starb in den Kellerverliesen des Hauses. Mindestens fünf Morde soll Dutroux zusammen mit Freunden begangen haben. Zwei der Mädchen – die acht Jahre alten Julie und Melissa – waren im Keller seines Hauses verhungert von der Polizei gefunden worden, obwohl das Gebäude schon einmal von Beamten durchsucht worden war – die beiden Mädchen hätten gerettet werden können.

Der Fluchtversuch

Im April 1998 gelang Dutroux für wenige Stunden eine

spektakuläre Flucht aus der Untersuchungshaft. Dutroux hatte damals in Neufchateau seine Akten einsehen wollen, um sich auf seine Verteidigung vorzubereiten. Der einschlägig vorbestrafte Dutroux war in dem Gerichtsgebäude entgegen dem üblichen Vorgehen mangelhaft bewacht worden. Normalerweise wurde er wegen zahlreicher Morddrohungen von schwerbewaffneten Polizisten begleitet. Außerdem war er nicht angekettet, wie es sonst bei der Durchsicht von Akten durch Häftlinge üblich ist. Dutroux schlug er einen Polizisten nieder, nahm ihm die Dienstwaffe ab, stürmte ins Freie und zwang einen Autofahrer zur Herausgabe seines Wagens. Vier Stunden später konnte Dutroux, der als bestbewachter Häftling Belgiens galt, im Zuge einer Großfahndung gefasst werden. An der Verfolgungsaktion hatten sich 5 000 Polizisten aus Belgien, Luxemburg, Deutschland und Frankreich beteiligt.

Für den Fluchtversuch wurde er zu fünf Jahren Haft verurteilt. Das Gericht in der Ardennenstadt Neufchateau begründete sein Urteil damit, das Dutroux während der Flucht Menschen bedrohte und Diebstähle beging.

Soweit die Beispiele.

Wurden die vorgenannten Täter zu leichtfertig freigelassen? War die Strafe angemessen? Was würden die <u>Opfer</u> heute sagen, wenn sie reden könnten?

Sollte man in dieser Frage nicht einen biblischen Standpunkt einnehmen?

Vor ca. 2000 Jahren gab es auch zwei Mörder, die zum Tode verurteilt waren und nur noch Stunden zu leben hatten.

Und diese 2 Mörder hängen rechts und links neben Jesus Christus am Kreuz. BEIDE wussten, wer neben ihnen hing. BEIDE wussten, *der* kann uns helfen!

Der Eine sagt zu ihm: „*Jesus, gedenke an mich, wenn du in dein Reich kommst.*" (Lukas-Evangelium 23 Vers 42)
Der Andere sagt zu ihm: „*Bist du nicht der Christus? Hilf dir selbst und uns.*" (Lukas-Evangelium 23 Vers 39)

Was geschieht?

Dem Einen sagt ER: „*Heute wirst du mit mir im Paradies sein.*" (Lukas 23 Vers 43)
Gerettet! Nicht vor dem leiblichen Tod am Kreuz, sondern für die Ewigkeit.

Und der Andere? Was tat Jesus für ihn? Er sprach kein Wort mit ihm. Wenn Jesus ein Gegner der Todesstrafe gewesen wäre, wie manche das ja heute gerne so haben wollen, dann hätte er unbedingt die Hinrichtung dieses Verbrechers verhindern müssen, damit dieser noch Zeit gehabt hätte, vielleicht Jahre später, sich auch noch für ihn zu entscheiden. Es wäre für Jesus kein Problem gewesen, diesen Mann vor der Vollstreckung zu bewahren.

Aber Jesus tut es nicht! Er lässt diesen Mann, der ihn, den Herrn abgelehnt hat, unversöhnt in die Ewigkeit geht.

Gibt das nicht zu denken, wenn Christen *humaner* als Christus sein möchten?

Wir können also festhalten, das 6. Gebot spricht sich <u>nicht</u> gegen die Todesstrafe aus!

5.   Abtreibung

Um dieses Thema im Blick auf das 6. Gebot zu sehen, ist es wichtig festzustellen, wann die Frucht im Mutterleib ein Mensch ist.

Wie anfangs beschrieben ist der Tatbestand Mord erst dann gegeben, wenn 1. *Ein* <u>Mensch</u>, 2. *geplant*, 3.*aus niederen Bewegründen*, 4. *getötet* wird.

Die Frage ist also u.A. der Zeitpunkt der Abtreibung. Viele Länder haben die Abtreibung bis zum 3. Monat freigegeben. Handelt es sich bis zu diesem Zeitpunkt nicht um einen Menschen?

Beginnt das Menschsein nach dem 3. Monat?

Diese Frage beruht auf der Tatsache der Abtreibungsfreigabe bis zum 3. Monat in vielen Ländern. Man muss aber feststellen, dass diese Grenze aus praktischer, nicht aus humanembryologischen Gründen gezogen wurde, weil bis zu diesem Zeitpunkt das Kind noch relativ klein und eine Abtreibung am leichtesten durchführbar ist. Biologisch ist das Kind schon vor Ende des 3. Monats sehr weit entwickelt.

Die moderne Wissenschaft ist sich einig: Das Menschsein beginnt definitiv mit der Befruchtung – die Verschmelzung von Ei und Samenzelle. Auch hier stimmt die Wissenschaft mit den Aussagen der Bibel überein.

Der König David sagt in seinem 139. Psalm, dass Gott den „Keim" sieht, und ihn bereits in sein Buch eingeschrieben hat. Wenn man darüber nachdenkt, kann man ahnen, was David empfunden haben muß, als er niederschrieb: „Denn du besaßest [o. bildetest] meine Nieren; du wobest mich in meiner Mutter Leibe. Ich preise dich darüber, daß ich auf eine erstaunliche, ausgezeichnete Weise gemacht bin. Wunderbar sind deine Werke, und meine Seele weiß es sehr wohl. Nicht verhohlen war mein Gebein vor dir, als ich gemacht ward im Verborgenen, gewirkt wie ein Stickwerk in den untersten Örtern der Erde …; während vieler Tage wurden sie gebildet, als nicht eines von ihnen war" (Psalm 139,13-16).(Elberfelder Übersetzung)

Wissen wir, daß zwanzig Tage nach der Zeugung das Herz dieses „kleinen Menschen" bereits einen halben Millimeter groß ist und zu schlagen beginnt? Es ist dann bereits ein eigener abgeschlossener Blutkreislauf vorhanden. In dieser Zeit formen sich übrigens auch schon die Wirbelsäule und das Nervensystem. Außerdem bilden sich bereits die Nieren, die Leber und der Verdauungstrakt.

Am 26. Tag entstehen die Ärmchen wie Knospen; erste Bewegungen finden statt. Am 28. Tag beginnen sich die Beinchen zu bilden. Am 30. Tag bildet sich das Gehirn (man hat bereits am 40. Tag Gehirnströme gemessen). Mit dem 30. Tag bilden sich Gesichtszüge aus; Ohren, Nase und Lippen werden erkennbar.

Ab dem 40. Tag beginnen Muskelpakete mit dem Nervensystem zusammenzuarbeiten.

Am 50. Tag sind die Zahnkeime aller zwanzig Milchzähne vorhanden. Die Fingerabdrücke, einmalig in ihrer Art, sind ausgebildet. Außerdem ist das Geschmacks- und Geruchs-system angelegt. Nun befinden sich ebenfalls die Blutgefäße an Ort und Stelle.

Nach 60 Tagen ist der Mensch mit all seinen Gliedern, Organen usw. gut geformt. Was sich in den nun folgenden Monaten lediglich noch verändert, ist die Größe des Menschen. Er wächst heran.

Mit der Verschmelzung von menschlicher Ei- und Samen-zelle beginnt die Lebensgeschichte eines Menschen, einer einmaligen, einzigartigen Person, deren menschliches Wesen sich zu keinem Zeitpunkt der Entwicklung ändern wird. In diesem Moment werden Geschlecht, Aussehen, z.B. Haar-farbe, Augenfarbe, Körpergrösse aber auch Begabungen, Charakter, ja selbst die wahrscheinliche Lebensdauer des Menschen festgelegt. Was sich ändert, ist das Erscheinungs-bild, seine äussere Gestalt: Ein Erwachsener sieht anders aus als ein Säugling. <u>Die erste Erscheinungsform des Menschen ist die befruchtete Eizelle</u>. Sie unterscheidet sich – mit ih-ren artspezifischen 46 Chromosomen – eindeutig von jeder anderen Eizelle. <u>Das heisst diesen Menschen hat es vorher noch nie gegeben und wird es auch nie wieder geben. Er ist einmalig, einzigartig und somit etwas ganz besonderes!</u>

Zu jedem Zeitpunkt der Durchführung einer Abtreibung betrifft es also einen Menschen.

Somit ist die 1. Voraussetzung zur Erfüllung des Tatbestandes gegeben.

<u>Was ist mit der 2. Voraussetzung, „geplant"?</u>

Allein die Tatsache, dass es vor jedem registrierten Schwangerschaftsabbruch eine Beratung gibt, und zwischen Beratung und Eingriff Zeit zum Nachdenken vergeht, ist die Voraussetzung „geplant" erfüllt.

Hinzu kommen die verschiedenen Methoden, die zur Auswahl stehen. Auch hier ist Planung von Nöten.

I. Absaug-Methode

Die Absaugmethode ist die häufigste Abtreibungsmethode. In Deutschland werden ca. 83 % aller Abbrüche auf diese Weise durchgeführt. Man wendet sie zwischen der 6.und 12. Woche an. Zu diesem Zeitpunkt ist das ungeborene Kind bereits sehr weit entwickelt. Arme und Beine, das Gesicht und die Hände sind da. Alle Organe sind angelegt und müssen nur noch wachsen.

Durch den erweiterten Muttermund führt der Arzt einen flexiblen Plastikschlauch in die Gebärmutter ein. Durch einen starken Sog (10- bis 30-fache Kraft eines Staubsaugers) wird das Kind mitsamt Plazenta (Mutterkuchen) in Stücke gerissen. Zuerst werden die Arme und Beine vom Körper getrennt, dann der Rumpf vom Kopf. Da der Kopf zu gross ist, um durch den Plastikschlauch zu passen, knackt ihn der Arzt mit Spezialinstrumenten wie eine Nuss und saugt die Bruchstücke einzeln ab. Oft kann man in diesem blutroten Brei noch winzige Ärmchen und Beinchen erkennen. Manchmal ist auch noch eine Nachbehandlung nötig, wobei mit einer Curette die zurückgebliebenen Körperteile ausgeschabt werden müssen.

2.   Curettage (Ausschabung)

Bei dieser Methode die zwischen der 7. und der 12. Woche angewandt wird, wird der fest verschlossene Muttermund mit Hilfe verschiedener Instrumente erweitert, damit der Arzt mit den Instrumenten in die Gebärmutter eindringen kann. Anschliessend wird ein scharfes gebogenes Messer durch die Scheide in die Gebärmutter eingeführt. Der Körper des Kindes wird in Stücke zerschnitten. Nachdem alle Kindsteile entfernt sind, wird die Gebärmutter mit einer Curette (einem stumpfen Schabeisen) ausgeschabt. Aufgabe des Operationspersonals ist es nun, die Leichenteile wie Arme, Beine, Kopf und Rumpfteile wie ein Puzzle zusammen zu setzen, um sicherzugehen das die Gebärmutter leer ist. Ansonsten könnte die Mutter Blutungen oder Infektionen bekommen. Diese Methode kommt in der BRD bei ca. 11 % aller Abtreibungen zum Einsatz.

3.   Abtreibung mit Prostagladinen:

Eine Abtreibung mit Prostagladinen verläuft im wesentlichen wie eine eingeleitete Geburt. Das Prostagladin wird gespritzt und/oder als Gel auf den Muttermund aufgetragen. Danach bleibt die Mutter auf der Station bis die Wehen einsetzen. Dies dauert 4 bis 16 (!) Stunden. Danach kommt sie zur Beobachtung in den Kreissaal. Dort findet dann die „Geburt" statt. Anschliessend werden die Kinder dann dem Tod überlassen.

4. Mifegyne

Die Abtreibungspille Mifegyne früher auch RU486 genannt ist ein „Medikament" mit dem Frauen bis zum 49. Tag der Schwangerschaft abtreiben können. Es werden insgesamt 3 Tabletten verabreicht, die jeweils 200 Milligramm Mifepriston enthalten. Das vom weiblichen Körper produzierte Hormon Progesteron verändert die Gebärmutterschleimhaut so, dass sich die befruchtete Eizelle einnisten und entwickeln kann. Es ist unentbehrlich für die Erhaltung der Schwangerschaft. Mifegyne ist ein dem Progesteron ähnlicher Stoff, jedoch mit entgegengesetzter Wirkung, ein Anti-Progesteron. Es blockiert die Zellen in der Gebärmutterschleimhaut, an die sich das Progesteron „andockt" und verhindert so, dass das Hormon seine Wirkung entfalten kann. Dadurch wird die Funktion von Gebärmutter und Nabelschnur aufgehoben, Sauerstoff und Nahrung gelangen nicht mehr zum Kind. 600 Milligramm Mifegyne in der Frühschwangerschaft lassen das Kind im Mutterleib langsam verhungern und verdursten, ein Tod, der sich über zwei Tage hinziehen kann. Die Gebärmutterschleimhaut löst sich und wird abgestossen.
Um die Wirkung von Mifegyne zu verstärken, wird zusätzlich eine geringe Dosis des Hormons Prostaglandin verabreicht. Es bewirkt, dass sich die Gebärmutter zusammenzieht und beschleunigt den Vorgang.

Das Vorgehen
Wie bei jedem Schwangerschaftsabbruch sind bei Mifegyne+PG gewisse Voruntersuchungen, Informationen und Gespräche notwendig (Schwangerschaftstest, Blutuntersuchung, Ultraschall …). Danach sucht die Frau die Klinik

oder die Arztpraxis kurz auf, um drei Tabletten Mifegyne zu schlucken. Zwei Tage später kehrt sie dahin zurück, um zwei Prostaglandintabletten einzunehmen. Jetzt bleibt sie drei bis sechs Stunden zur Beobachtung. Sie kann umhergehen oder sich hinlegen, wenn sie dies wünscht. Etwa 60 Prozent der Frauen stossen in den drei bis vier Stunden ihr ungeborenes Kind aus. Wenn dies nicht der Fall ist, erhalten sie evtl. eine weitere Prostaglandintablette. Etwa 20 Prozent der Frauen haben nach sechs Stunden noch nicht abortiert. Sie werden trotzdem nach Hause entlassen. Bei den meisten von ihnen geht ihr ungeborenes Kind in den nächsten 24 Stunden ab. Etwa 10 Tage später kommen die Frauen zur Nachkontrolle.

Eine Abtreibung mit RU 486/Mifegyne dauert insgesamt 3 Tage. Viele Frauen ändern während dieser Zeit ihre Einstellung zum Kind. Sie wollen es behalten. Doch obwohl einige Kinder den Abtreibungsversuch mit Mifepriston überleben, ist es in den meisten Fällen zu spät. Die Babys sterben. Die Mütter müssen miterleben, wie ihre Kinder einen langen qualvollen Tod sterben. Ein traumatisches Erlebnis!

Mifegyne alleine entfaltet bei vielen Frauen überhaupt keine Wirkung
Die Ansprechrate von Mifepriston liegt unter 60 Prozent. Das heisst: Es kommt bei alleiniger Anwendung von Mifegyne fast nur bei jeder zweiten Frau zu der erwünschten Abtreibung. Die Ursache dieser Unwirksamkeit ist bekannt. Bei vielen Frauen ist der Zielrezeptor des Mifepristons genetisch leicht verändert. Dadurch wirkt das als Tötungsmittel gedachte Präparat wie das Schwangerschaftshormon Pro-

gesteron selbst. Theoretisch könnte man mit molekularbio-
logischen Untersuchungen vor einer Tabletten-Abtreibung
testen, ob Mifegyne bei der Frau wirken wird. Dieses Verfahren ist aber offenbar zu kostspielig. Man löst das Problem,
indem man standardmässig allen Frauen ein weiteres Mittel
hinzugibt, das Wehen auslöst. Geeignet sind dazu Subs-
tanzen aus der Gruppe der Prostaglandine. Das Kind wird
nicht direkt getötet, sondern „ausgetrieben". Erst in dieser
Kombination beträgt die „Erfolgsrate" über 95 Prozent.

Die Psyche der Mutter

Sobald die Mutter die 3 Todespillen geschluckt hat, gibt es
für sie kein zurück mehr, auch wenn sie ihre Tat noch so
sehr bereut. 48 Stunden ist ihr der Todeskampf ihres Kindes
gegenwärtig. Diese 2 Tage und 2 Nächte gehen an keiner
Mutter spurlos vorbei.

Die Anwendung von RU 486 ist unethisch und bagatellisiert die Tötung Ungeborener

RU 486 ist ein Mittel, das zur Tötung von Menschen produ-
ziert und angewandt wird. Der Zweck eines Medikamentes
wird damit nicht erfüllt. Seine Verwendung ist unethisch! Statt
Heilung zu bringen, bedeutet es den Tod. Die grosse Gefahr
für die Gesellschaft besteht darin, dass die Tötung ungeborener
Kinder mit chemischen Mitteln zu einem Verfahren der Gebur-
tenregelung wird. Statt der Rückbesinnung auf ihre Verantwor-
tung und ihre Schutzpflicht gegenüber Ungeborenen kommt
es zu einem Abgleiten in eine unerträglich verharmlosende
Perfektionierung ihrer Tötung. Wenn Abtreibungen durch
Pilleneinnahme möglich werden, sinkt die Hemmschwelle.

Zu befürchten ist ein weiterer Anstieg der Abtreibungen. Mit der Tötungschemikalie wird der Druck vieler Männer auf die Frauen, eine Abtreibung durchzuführen, zunehmen.

Was ist mit der 3. Voraussetzung: „getötet".

Darüber besteht sicher kein Zweifel, dass es hier um <u>töten</u> geht. Egal, ob nun jemand immer noch der Meinung ist, bis zum 3. Monat handele es sich nicht um einen Menschen, so ist jedem klar, dass dort Leben ist und dies durch den Schwangerschaftsabbruch getötet wird.

Deshalb zu diesem Punkt einige statistische Daten:

In 2003 wurden in der Bundesrepublik Deutschland insgesamt 128.030 Abtreibungen *registriert*. Die Dunkelziffer ist sicherlich höher.

In 2003 kamen auf 1000 Geburten in Deutschland 176,6 Abtreibungen!

45,2 % der Frauen die einen Schwangerschafts-Abbruch vorgenommen haben waren verheiratet.

2,7 % der Abbrüche erfolgten aufgrund medizinischer Indikation, 0 % (26 von 128.030) wegen kriminalogischer Indikation (Vergewaltigung), 97,3 % im Rahmen der Beratungs-Regelung!

22 % wurden in Krankenhäusern (ambulant oder stationär) durchgeführt, 78 % in gynäkologischen Praxen.

34,7 % der Abbrüche erfolgten in der Zeit zwischen der 6. und 8. Schwangerschafts-Woche (SSW), 34 % in der 8-10. SSW, 18,1 % in der 10.-13. SSW.

<u>Was ist nun mit der 4. und damit entscheidenen Voraussetzung, „aus niederen Beweggründen"?</u>

Hier muss ganz klar zwischen ärztlicher Indikation und Abbruch aus eigenem Verlangen unterschieden werden.
Wenn das Leben der Mutter unmittelbar bedroht ist, und aus medizinischer Sicht nur der Abbruch eine Lösung ist, kann man sicher nicht von negativen Beweggründen sprechen.

Wenn eine medizinische Indikation vorliegt, die zum Beispiel eine *mögliche* Behinderung des Kindes nicht ausschließt, wird es schon schwieriger.

Wenn der Abbruch auf eigenem Wunsch aus sozialen, wirtschaftlichen oder lebensumständlichen Gründen durchgeführt wird, kommen wir in den Bereich der negativen Beweggründe.

Nur 2,7 % der Abbrüche in 2003 erfolgten auf Grund medizinischer Indikation!
97,3 % nach der Beratungsregelung!

Das erste pro-Argument, welches man immer wieder zum Thema Abtreibung hört ist: „Was ist, wenn jemand vergewaltigt worden ist? Da muss doch Abtreibung erlaubt sein."

Aus der vorgenannten Statistik geht hervor, dass dies in 2003 nicht mal 1 % der Fälle betraf.

Man hört auch, „mein Bauch gehört mir!" Das stimmt, und betrifft sicher alle Organe die sich dort befinden. Aber es betrifft nicht das *neue Leben, den neuen Menschen, das eigene Individium* das dort heranwächst. Dort im Bauch in ein Gast, der von der Nahrung der Mutter abhängig ist, der eigentlich am sichersten Ort der Welt sein sollte, eben bei der Mutter. Und dieser Ort sollte für ihn zum gefährlichsten Ort werden, wo man nach seinem Leben trachtet?

Oder es geht um wirtschaftliche, soziale Gründe.
„Wohin mit dem Kind? Ich gehe noch zur Schule, ich bin noch im Studium, oder in der Lehre, wir haben nicht genug Geld. Ich kann kein Kind gebrauchen."
Für Schwangere in Not gibt es sowohl staatliche, kirchliche und auch private Hilfsangebote. Zahlreiche Organisationen und Initiativen der sogenannten Lebensrechtsbewegung bieten ihre Hilfen an. Ausserdem gibt es genügend Adoptiveltern die gerne ein Kind hätten, aber nie eines bekommen werden, weil es einfach zu wenig Kinder gibt. Wenn man auf Kosten eines kleinen Menschen sein Leben plant, ist das egoistisch gedacht.
Was aber wenn die Gefahr besteht, dass das Baby behindert zur Welt kommt?
Leider erinnert uns das an Zeiten, in denen in unserem Lande Behinderten und Kranken das Recht auf Leben abgesprochen wurde. Dieses Recht haben wir aber nicht.
Es gibt unzählige Fälle, in denen die Fruchtwasseruntersuchung auf eine Behinderung hindeutete, dass Kind aber völlig gesund zur Welt kam.

Hierzu eine Geschichte:

Ein Professor stellt den Studenten folgende Aufgabe zur Entscheidung. „Eine Mutter erwartet ein Kind, sie ist Alkoholikerin, der Mann ebenfalls. Beide leiden an Syphillis. Die vorhergegangenen Geburten bis jetzt waren Totgeburten, oder Kinder waren behindert …usw. Wäre dies ein Fall für eine Abtreibung?" Nach eingehender Beratung beschliessen die Studenten einstimmig, dass dieses Kind kein lebenswertes Leben vor sich hat, die Wahrscheinlichkeit einer Krankheit gegeben ist und von daher ein gutes Beispiel für die Sinnhaftigkeit einer Abtreibung sei. Darauf hin der Professor: „Gratulation! Sie haben soeben Beethoven umgebracht!"

Diese Geschichte soll zum Nachdenken anregen.

Leider bekommt man das Gefühl, dass der Schwangerschaftsabbruch als *eine* Möglichkeit der Empfängnisverhütung benutzt wird.

Und hier haben wir es sicher mit „niederen Beweggründen" zu tun.
Es gibt sicher viele Argumente und viele Gründe, die Befürworter der Abtreibung zur Rechtfertigung heranziehen.
Aber außer denen der medizinischen Indikation, ist es schwer *nicht* an negative Beweggründe zu glauben.

Tatsache ist, dass jede Frau die eine solche Massnahme durchführen ließ, darunter früher oder später psychisch leidet. Warum, wenn es doch okay ist?

Im Internet war folgendes Gedicht veröffentlicht:

Der Kindermord

Sie können nicht schreien, den Mörder nicht sehn
Können nicht mal versuchen, dem Mord zu entgehn
Sie werden nie lachen, sie werden nie lieben
Für sie ist das Leben ein Traum nur geblieben.

Die Opfer, man trauert um sie jedoch nicht
Strafen für die Mörder verhängt kein Gericht
Die Opfer, sie störten, sie paßten uns nicht
Und deshalb sieht keiner von ihnen je Licht

Mit technischen Mitteln wird heut' selektiert
Paßt man nicht ins System, wird man liquidiert
Mit bestem Gewissen bringt man Kranke um
Und viel zu viel Menschen kümmern sich nicht d'rum!

Das 6. Gebot „Du sollst nicht töten(morden)" bezieht sich auch auf das *ungeborene* Leben. Und Mord ist es dann, wenn wie vorher bereits beschrieben, alle 4 Voraussetzungen erfüllt sind.

6. Mord im Herzen

Was ist hiermit gemeint? Mancher mag denken,: „Gut das ich zu keiner der Gruppe von Menschen gehöre, die in den vorigen Kapiteln beschrieben wurden. Für mich ist das Thema Theorie." Schön, wenn auch *dieses* Kapitel nur Theorie für sie ist.

In der Bibel, in Matthäus 5 Verse 21 und 22 sagt Jesus in der sogenannten Bergpredigt:
„Ihr habt gehört, dass zu den Alten gesagt ist: Du sollst nicht töten"; wer aber tötet, der soll des Gerichts schuldig sein. Ich aber sage euch: Wer mit seinem Bruder (ohne Grund) zürnt, der ist des Gerichts schuldig; wer aber zu seinem Bruder sagt: Du Nichtsnutz!, der ist des Hohen Rats schuldig; wer aber sagt: Du Narr!, der ist des höllischen Feuers schuldig."

Jesus erklärt den Menschen hier, dass nicht nur der sich schuldig macht, der praktisch gegen das 6. Gebot verstößt, sondern auch der, der seinen Glaubensbruder mit kränkenden Schimpfwörtern attakiert. Ein solcher, so sagt er, ist ein Übertreter des 6. Gebotes.

In dem 1. Brief des Johannes, in Kapitel 3 Vers 15 steht:
„Jeder der seinen Bruder haßt, ist ein Menschenmörder, und ihr wisset, dass kein Menschenmörder ewiges Leben bleibend in sich hat." (Elberfelder Übersetzung)

Erschrecken uns diese Aussagen? Fallen uns spontan Christen ein, die wir hassen, oder denen wir ohne Grund zürnen, oder die wir mit Schimpfworten belegt haben? Wie können wir dem entgehen? Durch die Liebe. Wir sollen den Nächsten lieben wie uns selbst.

Hier kann nur jeder für sich selbst entscheiden; bin ich in dieser Weise am 6. Gebot schuldig geworden oder nicht?

Das 6. Gebot „Du sollst nicht töten", sagt uns: Liebe deinen Nächsten wie dich selbst!

***